祈《いの》りの手《て》帖《ちょう》

三訂版

ドン・ボスコ社

※目次《もくじ》

＊聖母《せいぼ》への祈《いの》り

＊さまざまな祈《いの》り

❄ 日々《ひび》の祈《いの》り

❀ 十字架《じゅうじか》のしるしと祈《いの》り

父《ちち》と子《こ》と聖霊《せいれい》のみ名《な》によって。アーメン。

まず胸の前で手を合わせ、次に額（父と）、胸（子と）、左肩（聖霊の）、右肩（み名によって）の順に手で触れて、祈りを唱えながら十字架のしるしをします。最後に再び胸の前で手を合わせます（アーメン）。

❀ 主《しゅ》の祈《いの》り

天《てん》におられるわたしたちの父《ちち》よ、
み名《な》が聖《せい》とされますように。
み国《くに》が来《き》ますように。
みこころが天《てん》に行《おこな》われるとおり地《ち》にも行《おこな》われますように。
わたしたちの日《ひ》ごとの糧《かて》を今日《きょう》もお与《あた》えください。

わたしたちの罪《つみ》をおゆるしください。わたしたちも人《ひと》をゆるします。
わたしたちを誘惑《ゆうわく》におちいらせず、悪《あく》からお救《すく》いください。アーメン。

❁ アヴェ・マリアの祈《いの》り

アヴェ、マリア、恵《めぐ》みに満《み》ちた方《かた》、
主《しゅ》はあなたとともにおられます。
あなたは女《おんな》のうちで祝福《しゅくふく》され、ご胎内《たいない》の御子《おんこ》イエスも祝福《しゅくふく》されています。
神《かみ》の母聖《ははせい》マリア、わたしたち罪《つみ》びとのために、
今《いま》も、死《し》を迎《むか》える時《とき》も、お祈《いの》りください。アーメン。

❁ 栄唱《えいしょう》

栄光《えいこう》は父《ちち》と子《こ》と聖霊《せいれい》に。
初《はじ》めのように今《いま》もいつも世々《よよ》に。アーメン。

❁お告《つ》げの祈《いの》り *1

主《しゅ》のみ使《つか》いのお告《つ》げを受《う》けて、
マリアは聖霊《せいれい》によって神《かみ》の御子《おんこ》をやどされた。

— アヴェ・マリアの祈《いの》り (p.7) —

わたしは主《しゅ》のはしため、
おことばどおりになりますように。

— アヴェ・マリアの祈《いの》り —

みことばは人《ひと》となり、
わたしたちのうちに住《す》まわれた。

— アヴェ・マリアの祈《いの》り —

神《かみ》の母聖《はははせい》マリア、わたしたちのために祈《いの》ってください。
キリストの約束《やくそく》にかなうものとなりますように。

祈願《きがん》

神《かみ》よ、み使《つか》いのお告《つ》げによって、
御子《おんこ》が人《ひと》となられたことを知《し》ったわたしたちが、
キリストの受難《じゅなん》と十字架《じゅうじか》を通《とお》して復活《ふっかつ》の栄光《えいこう》に達《たっ》することができるよう、
恵《めぐ》みを注《そそ》いでください。
わたしたちの主《しゅ》イエス・キリストによって。アーメン。

朝・昼・晩の１日３回、お告げの鐘とともに唱える、伝統的な教会の祈りです。その歴史は古く、13世紀初頭のヨーロッパにまでさかのぼります。復活徹夜祭から聖霊降臨の主日の晩まで、「お告げの祈り」の代わりに「アレルヤの祈り」（次のページ）を唱えます。

❀ アレルヤの祈《いの》り ＊1

神《かみ》の母聖《ははせい》マリア、お喜《よろこ》びください。アレルヤ。
　あなたにやどられた方《かた》は。アレルヤ。
おことばどおりに復活《ふっかつ》されました。アレルヤ。
　わたしたちのためにお祈《いの》りください。アレルヤ。
聖《せい》マリア、お喜《よろこ》びください。アレルヤ。
　主《しゅ》はまことに復活《ふっかつ》されました。アレルヤ。

祈願《きがん》

神《かみ》よ、あなたは御子《おんこ》キリストの復活《ふっかつ》によって、
世界《せかい》に喜《よろこ》びをお与《あた》えになりました。
キリストの母《はは》、聖《せい》マリアにならい、
わたしたちも永遠《えいえん》のいのちの喜《よろこ》びを得《え》ることができますように。
わたしたちの主《しゅ》イエス・キリストによって。アーメン。

❁ 悔《く》い改《あらた》めの祈《いの》り ＊1

神《かみ》よ、わたしは罪《つみ》を犯《おか》し、悪《あく》を行《おこな》い、あなたに背《そむ》きました。
御子《おんこ》イエス・キリストの救《すく》いの恵《めぐ》みによって、
わたしの罪《つみ》を取《と》り去《さ》り、洗《あら》い清《きよ》めてください。
救《すく》いの喜《よろこ》びを与《あた》え、あなたのいぶきを送《おく》って、
喜《よろこ》び仕《つか》える心《こころ》を支《ささ》えてください。
わたしはあなたの道《みち》を歩《あゆ》みます。

❁ 神《かみ》のゆるしを願《ねが》う祈《いの》り ＊1

いつくしみ深《ふか》い父《ちち》よ、
あなたは、御《おん》ひとり子《ご》をお与《あた》えになるほどわたしたちを愛《あい》し、
その受難《じゅなん》と死《し》と復活《ふっかつ》によって、
あなたのいのちにあずかることができるようにしてくださいました。

（次のページへ→）

しかし、わたしは自分中心《じぶんちゅうしん》に生《い》きてあなたの愛《あい》に背《そむ》き、
あなたと兄弟《きょうだい》に対《たい》して罪《つみ》を犯《おか》しました。
どうか聖霊《せいれい》を豊《ゆた》かに注《そそ》いでわたしの罪《つみ》をゆるし、
回心《かいしん》の恵《めぐ》みをお与《あた》えください。
これからはキリストに従《したが》って生《い》きる者《もの》となり、
真《しん》の愛《あい》を実践《じっせん》することができますように。アーメン。

✿ 神《かみ》を信《しん》じる人《ひと》の祈《いの》り *1（信徳唱《しんとくしょう》）

救《すく》いの源《みなもと》である神《かみ》よ、
わたしは、永遠《えいえん》の真理《しんり》であるあなたが、
主《しゅ》キリストとその教会《きょうかい》を通《とお》して教《おし》えてくださることをすべて信《しん》じます。

✿ 神《かみ》に希望《きぼう》をおく人《ひと》の祈《いの》り *1（望徳唱《ぼうとくしょう》）

恵《めぐ》みの源《みなもと》である神《かみ》よ、

わたしは、あなたがイエス・キリストの救《すく》いのみわざによって、
約束《やくそく》のとおり永遠《えいえん》のいのちと必要《ひつよう》な助《たす》けを
お与《あた》えになることを心《こころ》から希望《きぼう》します。

✿ 神《かみ》を愛《あい》する人《ひと》の祈《いの》り *1（愛徳唱《あいとくしょう》）

愛《あい》の源《みなもと》である神《かみ》よ、

わたしは、心《こころ》を尽《つ》くし、力《ちから》を尽《つ》くして、
唯一《ゆいいつ》の神《かみ》であるあなたを愛《あい》します。

また、あなたへの愛《あい》によって隣人《りんじん》を自分《じぶん》のように愛《あい》します。

❋朝《あさ》の祈《いの》り

新《あたら》しい朝《あさ》を迎《むか》えさせてくださった神《かみ》よ、
きょう一日《いちにち》わたしを照《て》らし、導《みちび》いてください。
いつもほがらかに、すこやかに過《す》ごせますように。
物事《ものごと》がうまくいかないときでもほほえみを忘《わす》れず、
いつも物事《ものごと》の明《あか》るい面《めん》を見《み》、
最悪《さいあく》のときにも、感謝《かんしゃ》すべきものがあることを、悟《さと》らせてください。
自分《じぶん》のしたいことばかりでなく、
あなたの望《のぞ》まれることを行《おこな》い、
まわりの人《ひと》たちのことを考《かんが》えて生《い》きる喜《よろこ》びを
見《み》いださせてください。アーメン。

❁ 夕《ゆう》の祈《いの》り

一日《いちにち》の働《はたら》きを終《お》えたわたしに、
やすらかな憩《いこ》いの時《とき》を与《あた》えてくださる神《かみ》よ、
あなたに祈《いの》り、感謝《かんしゃ》します。
きょう一日《いちにち》、わたしを支《ささ》えてくれた多《おお》くの人《ひと》たちに
たくさんの恵《めぐ》みをお与《あた》えください。
わたしの思《おも》い、ことば、行《おこな》い、怠《おこた》りによって、
あなたを悲《かな》しませたことがあれば、どうかおゆるしください。
明日《あす》はもっと良《よ》く生《い》きることができますように。
悲《かな》しみや苦《くる》しみの中《なか》にある人《ひと》たちを、助《たす》けてください。
わたしが幸福《こうふく》の中《なか》にあっても、
困《こま》っている人《ひと》たちのことを忘《わす》れることがありませんように。アーメン。

❁ 初《はじ》めの祈《いの》り ＊1

すべてを造《つく》り、治《おさ》められる神《かみ》よ、
いつくしみ深《ふか》いみ手《て》のなかで始《はじ》めるこの集《つど》いを祝福《しゅくふく》し、
み旨《むね》を行《おこな》うことができるよう、
わたしたちに知恵《ちえ》と勇気《ゆうき》を授《さず》け、導《みちび》いてください。
わたしたちの主《しゅ》イエス・キリストによって。アーメン。

❁ 終《お》わりの祈《いの》り ＊1

恵《めぐ》みの源《みなもと》である神《かみ》よ、
感謝《かんしゃ》と賛美《さんび》のうちにこの集《つど》いを終《お》わります。
わたしたちの働《はたら》きの実《みの》りが、
神《かみ》の国《くに》に役立《やくだ》つものとなりますように。
わたしたちの主《しゅ》イエス・キリストによって。アーメン。

❁ 食前《しょくぜん》の祈《いの》り ＊1

父《ちち》よ、あなたのいつくしみに感謝《かんしゃ》してこの食事《しょくじ》をいただきます。
ここに用意《ようい》されたものを祝福《しゅくふく》し、
わたしたちの心《こころ》と体《からだ》を支《ささ》える糧《かて》としてください。
わたしたちの主《しゅ》イエス・キリストによって。アーメン。

❁ 食後《しょくご》の祈《いの》り ＊1

父《ちち》よ、感謝《かんしゃ》のうちにこの食事《しょくじ》を終《お》わります。
あなたのいつくしみを忘《わす》れず、
すべての人《ひと》の幸《しあわ》せを祈《いの》りながら。
わたしたちの主《しゅ》イエス・キリストによって。アーメン。

❋ 聖母《せいぼ》への祈《いの》り

❋ 元后《げんこう》あわれみの母《はは》 *1 (Salve Regina)

元后《げんこう》、あわれみの母《はは》、われらのいのち、喜《よろこ》び、希望《きぼう》。
旅路《たびじ》からあなたに叫《さけ》ぶエバの子《こ》、
なげきながら、泣《な》きながらも、涙《なみだ》の谷《たに》にあなたを慕《した》う。
われらのためにとりなすかた、
あわれみの目《め》をわれらに注《そそ》ぎ、
尊《とうと》いあなたの子《こ》イエスを旅路《たびじ》の果《は》てに示《しめ》してください。
おお、いつくしみ、恵《めぐ》みあふれる、喜《よろこ》びのおとめマリア。

❋ 神《かみ》のみ母《はは》よ (Sub tuum præsidium)

神《かみ》のみ母《はは》よ、わたしたちはご保護《ほご》を仰《あお》ぎます。

いつどこでもわたしたちの祈《いの》りを聞《き》き入《い》れ、
御助《おんたす》けをもってすべての危険《きけん》から守《まも》ってください。アーメン。

❁ 聖母《せいぼ》マリアの歌《うた》 *1（Magnificat）

わたしは神《かみ》をあがめ、わたしの心《こころ》は神《かみ》の救《すく》いに喜《よろこ》びおどる。
神《かみ》は卑《いや》しいはしためを顧《かえり》みられ、いつの代《よ》の人《ひと》もわたしを幸《しあわ》せな者《もの》と呼《よ》ぶ。
神《かみ》はわたしに偉大《いだい》なわざを行《おこな》われた。
その名《な》は尊《とうと》く、あわれみは代々《よよ》、神《かみ》をおそれ敬《うやま》う人《ひと》の上《うえ》に。

神《かみ》はその力《ちから》を現《あらわ》し、思《おも》いあがる者《もの》を打《う》ち砕《くだ》き、
権力《けんりょく》をふるう者《もの》をその座《ざ》からおろし、見捨《みす》てられた人《ひと》を高《たか》められる。
飢《う》えに苦《くる》しむ人《ひと》はよいもので満《み》たされ、
おごり暮《く》らす者《もの》はむなしくなって帰《かえ》る。 （次のページへ→）

神《かみ》はいつくしみを忘《わす》れることなく、しもベイスラエルを助《たす》けられた。
わたしたちの祖先《そせん》、アブラハムとその子孫《しそん》に約束《やくそく》されたように。

栄唱《えいしょう》

栄光《えいこう》は父《ちち》と子《こ》と聖霊《せいれい》に。
初《はじ》めのように今《いま》もいつも世々《よよ》に。アーメン。

❋聖母《せいぼ》のご保護《ほご》を求《もと》める祈《いの》り —— 聖《せい》ベルナルド

おとめマリアよ、
あなたのご保護《ほご》のもとにかけよりあなたの助《たす》けを祈《いの》りもとめ、
あなたのご保護《ほご》を願《ねが》った人《ひと》があなたから見離《みはな》されたなどということは、
誰《だれ》も聞《き》いた試《ため》しのなかったことを思《おも》い起《お》こしてください。
母《はは》であり、おとめの中《なか》のおとめであるマリアよ、
それゆえ、わたしはあなたへの信頼《しんらい》に勇気《ゆうき》づけられ、

みもとにかけより、
罪《つみ》を自《みずか》ら悔《く》い改《あらた》めつつわたし自身《じしん》をあなたにゆだねます。
み母《はは》よ、わたしのこの祈《いの》りを受《う》け入《い》れ、
この願《ねが》いを聞《き》き入《い》れてください。アーメン。

❁ 扶助者聖《ふじょしゃせい》マリアにご保護《ほご》を願《ねが》う祈《いの》り

扶助者聖《ふじょしゃせい》マリア、ご保護《ほご》のもとに、わたしたちは身《み》をゆだねます。
あなたの力強《ちからづよ》い助《たす》けを示《しめ》し、
あらゆる危険《きけん》、災《わざわ》いからこの家《いえ》を守《まも》り、
わたしたちに健康《けんこう》と平和《へいわ》をお与《あた》えください。
信仰《しんこう》においてこの家族《かぞく》の心《こころ》を一致《いっち》させ、
愛《あい》に生《い》き、ゆるしを行《おこな》う者《もの》として、
いつも神《かみ》に感謝《かんしゃ》することができますように、助《たす》け導《みちび》いてください。

(次のページへ→)

あなたのみ手《て》にゆだねる日《ひ》ごとの喜《よろこ》びも悲《かな》しみも、
未来《みらい》への希望《きぼう》とともに、父《ちち》なる神《かみ》におささげください。
扶助者聖《ふじょしゃせい》マリア、わたしたちを導《みちび》き、善《ぜん》の道《みち》を歩《あゆ》ませ、
あらゆる罪《つみ》から遠《とお》ざけてください。アーメン。

❁ 結《むす》び目《め》を解《ほど》く聖母《せいぼ》マリアへの祈《いの》り

訳：心のともしび運動YBU本部

聖母《せいぼ》マリア　神《かみ》の臨在《りんざい》に満《み》ちた方《かた》
あなたはご生涯《しょうがい》を通《つう》じて、まったく謙遜《けんそん》に御父《おんちち》のみ旨《むね》を受《う》け入《い》れ
悪魔《あくま》さえもあなたを罠《わな》や誘惑《ゆうわく》に陥《おとしい》れることはできませんでした。
あなたはすでに息子《むすこ》イエスと結《むす》ばれ、
私《わたし》たちのすべてのもつれを解《ほど》いてくださり、
単純《たんじゅん》かつ忍耐強《にんたいづよ》く私《わたし》たちの人生《じんせい》に絡《から》み合《あ》った結《むす》び目《め》を
どのように解《ほど》くのかを身《み》をもって示《しめ》してくださいました。

あなたはいつも私《わたし》たちの母《はは》として、
主《しゅ》イエスと私《わたし》たちを結《むす》ぶ絆《きずな》を示《しめ》してくださいます。

聖母《せいぼ》マリア　神《かみ》の母《はは》　私《わたし》たちの母《はは》
私《わたし》たちの人生《じんせい》のもつれ、結《むす》び目《め》を
母《はは》の心《こころ》で解《ほど》いてくださるあなたのみ手《て》に委《ゆだ》ねます。
私《わたし》たちを苦《くる》しみや不安《ふあん》から解放《かいほう》してください。
あなたの取《と》り次《つ》ぎによって、あなたの模範《もはん》に倣《なら》うことによって
私《わたし》たちを悪《あく》から解《と》き放《はな》ち、私《わたし》たちと神《かみ》との交《まじ》わりを妨《さまた》げる結《むす》び目《め》を解《ほど》き、
不安《ふあん》、過《あやま》ち、誘惑《ゆうわく》、すべてのものから解放《かいほう》してください。
あらゆることのうちに主《しゅ》イエスと出会《であ》い、
主《しゅ》に心《こころ》をとめ、兄弟姉妹《きょうだいしまい》のうちに、
いつもイエスに仕《つか》えることができますように。アーメン。

❈ さまざまな祈《いの》り

❈ 聖霊《せいれい》への祈《いの》り *2

聖霊《せいれい》来《き》てください。

あなたの光《ひかり》の輝《かがや》きで、わたしたちを照《て》らしてください。

貧《まず》しい人《ひと》の父《ちち》、心《こころ》の光《ひかり》、あかしの力《ちから》を注《そそ》ぐかた。

やさしい心《こころ》の友《とも》、さわやかないこい。ゆるぐことのないよりどころ。

苦《くる》しむ時《とき》の励《はげ》まし、暑《あつ》さの安《やす》らい、うれいの時《とき》の慰《なぐさ》め。

恵《めぐ》みあふれる光《ひかり》、信《しん》じる者《もの》の心《こころ》を満《み》たす光《ひかり》よ。

あなたの助《たす》けがなければすべてははかなく消《き》えてゆき、

だれも清《きよ》く生《い》きてはゆけない。

汚《けが》れたものを清《きよ》め、すさみをうるおし、受《う》けたいたでをいやすかた。

固《かた》い心《こころ》をやわらげ、冷《つめ》たさを温《あたた》め、乱《みだ》れた心《こころ》をただすかた。

あなたのことばを信《しん》じて寄《よ》り頼《たの》む者《もの》に、とうとい力《ちから》を授《さず》けるかた。
あなたはわたしのささえ、恵《めぐ》みの力《ちから》で救《すく》いの道《みち》を歩《あゆ》みつづけ、
終《お》わりなく喜《よろこ》ぶことができますように。アーメン。

❁ 守護《しゅご》の天使《てんし》への祈《いの》り

守護《しゅご》の天使《てんし》よ、
主《しゅ》のいつくしみによってあなたにゆだねられたこのわたしを照《て》らし、
守《まも》り、導《みちび》いてください。アーメン。

❁ 聖《せい》ヨセフへの祈《いの》り

聖《せい》ヨセフよ、
マリアの夫《おっと》であり、救《すく》い主《ぬし》イエスの保護者《ほごしゃ》よ、
わたしは信頼《しんらい》をもってあなたによりすがり、 (次のページへ→)

霊的物質的《れいてきぶっしつてき》な取《と》り次《つ》ぎを心《こころ》から願《ねが》います。
生《い》きているかぎりあなたの徳《とく》にならい、
死《し》が訪《おとず》れるときに永遠《えいえん》の喜《よろこ》びに与《あずか》れますように、
あなたの助《たす》けをこい願《ねが》います。アーメン。

❀ 困難《こんなん》のときの祈《いの》り

父《ちち》なる神《かみ》よ、
おゆだねくださるすべての務《つと》めを、
わたしが平静《へいせい》な心《こころ》でしっかりと果《は》たし、
あなたの慰《なぐさ》めと励《はげ》ましによって、
兄弟姉妹《きょうだいしまい》を慰《なぐさ》め励《はげ》ますことができますよう
恵《めぐ》みと力《ちから》をお与《あた》えください。
わたしたちの主《しゅ》イエス・キリストによって。アーメン。

❀ 病気《びょうき》のときの祈《いの》り

いつくしみ深《ふか》い神《かみ》よ、わたしは心《こころ》を込《こ》めて祈《いの》ります。
病気《びょうき》で苦《くる》しむわたしに目《め》をとめ、
不安《ふあん》と孤独《こどく》と失望《しつぼう》に沈《しず》むときも、わたしを支《ささ》えてください。
病気《びょうき》を試練《しれん》として受《う》けとめ、それに耐《た》えさせてください。
わたしは苦《くる》しみを御子《おんこ》キリストの十字架《じゅうじか》に合《あ》わせ、
わたし自身《じしん》と人《ひと》びとの罪《つみ》を償《つぐな》います。
御子《おんこ》キリストによって多《おお》くの病人《びょうにん》をいやしてくださったように、
わたしの上《うえ》にあなたのいつくしみ深《ふか》いみ手《て》をさし伸《の》べてください。
わたしたちの主《しゅ》イエス・キリストによって。アーメン。

❀ 病人《びょうにん》のための祈《いの》り

神《かみ》よ、御《おん》ひとり子《ご》はすべての人《ひと》の弱《よわ》さと貧《まず》しさをご自分《じぶん》の肩《かた》に背負《せお》われ、

（次のページへ→）

神秘《しんぴ》に満《み》ちた苦《くる》しみの価値《かち》を、わたしたちに示《しめ》してくださいました。
病《やまい》に苦《くる》しむ兄弟《きょうだい》姉妹《しまい》を祝福《しゅくふく》してください。
不安《ふあん》と苦《くる》しみの中《なか》にあって、
孤独《こどく》に打《う》ちひしがれることがありませんように。
心《こころ》と体《からだ》をいやしてくださる主《しゅ》イエス・キリストに結《むす》ばれて、
苦《くる》しむ人《ひと》びとに約束《やくそく》されているあなたの慰《なぐさ》めと励《はげ》ましを
得《え》ることができますように。
わたしたちの主《しゅ》イエス・キリストによって。アーメン。

❁ 死者《ししゃ》のための祈《いの》り

主《しゅ》よ、みもとに召《め》された人《ひと》びとに永遠《えいえん》の安《やす》らぎを与《あた》え、
あなたの光《ひかり》の中《なか》で憩《いこ》わせてください。アーメン。

❁ 家族《かぞく》の祈《いの》り

わたしたちの父《ちち》である神《かみ》よ、
わたしたちの家族《かぞく》にくださった、すべての恵《めぐ》みに感謝《かんしゃ》します。
わたしたちが互《たが》いに耳《みみ》を傾《かたむ》け、支《ささ》え合《あ》うことができますように。
怒《いか》り、争《あらそ》い、不安《ふあん》におちいることなく、
愛《あい》と、喜《よろこ》びと、平安《へいあん》のうちに、ゆるし合《あ》えますように。
悩《なや》んでいるほかの家族《かぞく》のさまざまな思《おも》いに
心《こころ》を留《と》めることができるように、
わたしたちの心《こころ》に愛《あい》を注《そそ》いでください。
何《なに》よりも、わたしたちの家族《かぞく》が、
あなたの愛《あい》と一致《いっち》のしるしとなりますように。
わたしたちの主《しゅ》イエス・キリストによって。アーメン。

❁ 父《ふ》母《ぼ》のための祈《いの》り

神《かみ》よ、あなたは父《ふ》母《ぼ》を敬《うやま》うようにお命《めい》じになりました。
父《ふ》母《ぼ》のためにささげるこの祈《いの》りを、
いつくしみをもって聞《き》き入《い》れてください。
父《ちち》と母《はは》を支《ささ》え、いつも二人《ふたり》の健康《けんこう》を保《たも》たせてください。
その労《ろう》苦《く》を祝福《しゅくふく》し、わたしのためにしてくれるすべてのことに、
百倍《ひゃくばい》の報《むく》いをお与《あた》えください。
あなたの聖《せい》なるおきてを愛《あい》し、守《まも》るすべを、両親《りょうしん》に教《おし》えてください。
わたしが、あなたに仕《つか》えるように父《ちち》と母《はは》に仕《つか》え、
二人《ふたり》のなぐさめとなりますように。
そして、いつの日《ひ》かともに天国《てんごく》で、
永遠《えいえん》にあなたの栄光《えいこう》のうちに生《い》きることができますように。
わたしたちの主《しゅ》イエス・キリストによって。アーメン。

✽ 子《こ》どものための祈《いの》り

神《かみ》よ、この子《こ》をお与《あた》えくださったことを感謝《かんしゃ》いたします。
この子《こ》のいのち、人生《じんせい》、可能性《かのうせい》もすべてあなたのものです。
喜《よろこ》びのときも、悲《かな》しみのときも
いつもわたしがこの子《こ》の隣人《りんじん》であり、
わたしの誇《ほこ》りによって
その道《みち》のさまたげにならないようにさとしてください。
この子《こ》の中《なか》におられるあなたをわたしが感《かん》じ、
また、わたしの中《なか》におられるあなたを感《かん》じさせることによって、
わたしたちがともに成長《せいちょう》していくことができますように。
そして、それを待《ま》つ忍耐《にんたい》をわたしにお与《あた》えください。
主《しゅ》よ、わたしを強《つよ》め、
あなたの深《ふか》い信頼《しんらい》の心《こころ》をお与《あた》えください。 (次のページへ→)

いつくしみの聖母《せいぼ》マリアよ、
どうかいつもこの子《こ》を見守《みまも》り、
わたしの手《て》の届《とど》かないところにいるときも
あなたのみ手《て》でお守《まも》りください。
わたしたちの主《しゅ》イエス・キリストによって。アーメン。

❁召命《しょうめい》を求《もと》める祈《いの》り

「あなたがたが、わたしを選《えら》んだのではない。
わたしが、あなたがたを選《えら》んだ」（ヨハネ15・16）と仰《おお》せられた主《しゅ》よ、
使徒《しと》の心《こころ》をもってみ国《くに》のために働《はたら》く人《ひと》を選《えら》び、お送《おく》りください。
人《ひと》びとのために自分《じぶん》を捨《す》ててキリストに従《したが》う人《ひと》、
新《あたら》しい天《てん》と地《ち》のために、清《きよ》い心《こころ》で聖母《せいぼ》に倣《なら》う人《ひと》、
福音《ふくいん》を証《あか》しするために、十字架《じゅうじか》を担《にな》う人《ひと》、

若者《わかもの》の救《すく》いのために主《しゅ》に倣《なら》う人《ひと》、
悪《あく》は避《さ》けながらも、悪人《あくにん》の救《すく》いに歩《あゆ》み寄《よ》る人《ひと》、
ほほえみで周《まわ》りを照《て》らし、愛《あい》の心《こころ》で皆《みな》を温《あたた》める人《ひと》、
神《かみ》を信《しん》じ、人《ひと》びとに自分《じぶん》を開《ひら》く人《ひと》、
一粒《ひとつぶ》の麦《むぎ》のように地《ち》に落《お》ちて死《し》に、豊《ゆた》かな実《み》を結《むす》ぶ人《ひと》。
主《しゅ》よ、このような人《ひと》びとを数多《かずおお》く選《えら》び、
あなたの畑《はたけ》に遣《つか》わし、主《しゅ》とともに働《はたら》かせてください。アーメン。

❁ 司祭《しさい》の召《め》し出《だ》しを求《もと》める祈《いの》り

わたしたちの父《ちち》である神《かみ》さま、
あなたはひとり子《ご》であるイエス・キリストの救《すく》いの御業《みわざ》を続《つづ》けるために、
司祭職《しさいしょく》を定《さだ》めてくださいました。
すべての人《ひと》の救《すく》いを望《のぞ》まれる神《かみ》さま、 (次のページへ→)

わたしたちの教会《きょうかい》の中《なか》からあなたの招《まね》きのことばを聞《き》き、
救《すく》いの御業《みわざ》に奉仕《ほうし》する司祭《しさい》をお選《えら》びください。
あなたの愛《あい》の御業《みわざ》が司祭《しさい》によって示《しめ》され、
多《おお》くの人《ひと》びとがキリストの食卓《しょくたく》を囲《かこ》むことができますように。
また、わたしたちが司祭《しさい》をとおして必要《ひつよう》な恵《めぐ》みと力《ちから》を受《う》け
この世《よ》に愛《あい》と平和《へいわ》を実現《じつげん》することができますように。
わたしたちの主《しゅ》イエス・キリストによって。アーメン。

❁ 福音宣教《ふくいんせんきょう》の祈《いの》り

恵《めぐ》み豊《ゆた》かな神《かみ》よ、あなたは、教会《きょうかい》がすべての人《ひと》の救《すく》いの秘跡《ひせき》となり、
キリストのわざを世《よ》の終《お》わりまで伝《つた》えることを望《のぞ》まれました。
日本《にほん》の教会《きょうかい》もあなたの望《のぞ》みにこたえることができますように、
光《ひかり》と力《ちから》を注《そそ》いでください。

福音《ふくいん》に出会《であ》う恵《めぐ》みを与《あた》えられたわたしたちが、
重荷《おもに》と労苦《ろうく》を背負《せお》うすべての人《ひと》びとともに、
キリストから与《あた》えられた喜《よろこ》びと希望《きぼう》を分《わ》かち合《あ》い、
あなたに向《む》かって歩《あゆ》んでいくことができますように。
わたしたちの主《しゅ》イエス・キリストによって。アーメン。

❁ 危機《きき》に瀕《ひん》する世界《せかい》のための祈《いの》り —— 聖《せい》ヨハネ・パウロ二世教皇《にせいきょうこう》

人間一人《にんげんひと》ひとり《り》と諸国《しょこく》の民《たみ》の母《はは》マリアよ、
わたしたちを脅《おびや》かす悪《あく》の力《ちから》に打《う》ち勝《か》てるようお助《たす》けください。

現代人《げんだいじん》の心《こころ》にこれほど容易《ようい》に根《ね》ざしてしまう悪《あく》、
そのもたらす計《はか》り知《し》れないもろもろの結果《けっか》によって、
すでに現代《げんだい》の人《ひと》びとのいのちを危険《きけん》にさらし、 （次のページへ→）

未来《みらい》への道《みち》を閉《と》ざそうとしている悪《あく》から、
主《しゅ》よ、わたしたちをお救《すく》いください。

飢餓《きが》と戦争《せんそう》、核戦争《かくせんそう》、計《はか》り知《し》れない自己破壊《じこはかい》、さまざまな戦争《せんそう》から、
主《しゅ》よ、わたしたちをお救《すく》いください。

人間《にんげん》のいのちを、その存在《そんざい》の初《はじ》めの瞬間《しゅんかん》よりお救《すく》いください。
社会《しゃかい》、国家《こっか》、国際間《こくさいかん》の生活《せいかつ》におけるあらゆる不正義《ふせいぎ》、
神《かみ》のもろもろの掟《おきて》を踏《ふ》みにじる勝手気《かってき》ままな人間《にんげん》から、
主《しゅ》よ、わたしたちをお救《すく》いください。

人間《にんげん》の心《こころ》の中《なか》にある神《かみ》の真理《しんり》そのものを消滅《しょうめつ》させようとする誘惑《ゆうわく》、
善悪《ぜんあく》を識別《しきべつ》する良心《りょうしん》の滅亡《めつぼう》、聖霊《せいれい》に敵対《てきたい》するもろもろの罪《つみ》から、

主《しゅ》よ、わたしたちをお救《すく》いください。

キリストの母《はは》マリアよ、
全人類《ぜんじんるい》の苦悩《くのう》に、また、全世界《ぜんせかい》の苦悩《くのう》に満《み》ちた昨今《さっこん》の
この叫《さけ》びを聞《き》いてください。
人間《にんげん》の悪《あく》、世界《せかい》の悪《あく》、また、あらゆる種類《しゅるい》の悪《あく》に
聖霊《せいれい》の力《ちから》によって打《う》ち勝《か》つことができますように。

あがないと救《すく》いの無限《むげん》の力《ちから》、慈愛《じあい》の神《かみ》の力《ちから》が、
世界《せかい》の歴史《れきし》において、再《ふたた》び発揮《はっき》されますように。
神《かみ》の慈愛《じあい》が悪《あく》を押《お》しとどめ、人間《にんげん》の良心《りょうしん》を正《ただ》し、
あなたの汚《けが》れないみこころによって、
希望《きぼう》の光《ひかり》がすべての人《ひと》びとに示《しめ》されますように。

❋ 平和《へいわ》を願《ねが》う祈《いの》り ―― アシジの聖《せい》フランシスコ

神《かみ》よ、わたしをあなたの平和《へいわ》の道具《どうぐ》にしてください。
憎《にく》しみのあるところに、愛《あい》を
いさかいのあるところに、ゆるしを
分裂《ぶんれつ》のあるところに、一致《いっち》を
迷《まよ》いのあるところに、信仰《しんこう》を
誤《あやま》りのあるところに、真理《しんり》を
絶望《ぜつぼう》のあるところに、希望《きぼう》を
悲《かな》しみのあるところに、喜《よろこ》びを
闇《やみ》のあるところに、光《ひかり》をもたらすことができますように。
神《かみ》よ、わたしに、
慰《なぐさ》められるよりも慰《なぐさ》めることを
理解《りかい》されるよりも、理解《りかい》することを

愛《あい》されるよりも、愛《あい》することを望《のぞ》ませてください。
自分《じぶん》を捨《す》てて初《はじ》めて自分《じぶん》を見《み》いだし、
ゆるしてこそゆるされ、
死《し》ぬことによってのみ、
永遠《えいえん》のいのちによみがえることを深《ふか》く悟《さと》らせてください。

❁ 共《とも》に生《い》きる恵《めぐ》みを願《ねが》う祈《いの》り —— ラウル・フォレロー

主《しゅ》よ、教《おし》えてください。
自分《じぶん》だけを愛《あい》さないことを、
身内《みうち》だけを愛《あい》さないことを、
仲間《なかま》だけを愛《あい》さないことを。
人《ひと》のことも考《かんが》え、だれからも愛《あい》されない人《ひと》を優先《ゆうせん》して愛《あい》することを。

(次のページへ→)

主《しゅ》よ、教《おし》えてください。
わたし自身《じしん》も苦《くる》しむことを、
人《ひと》と共《とも》に苦《くる》しむことを。

主《しゅ》よ、わからせてください。
わたしがあなたのおかげで、幸《しあわ》せな日々《ひび》を送《おく》っている今《いま》、
刻一刻《こくいっこく》と、あなたの子《こ》、わたしの兄弟《きょうだい》である数知《かずし》れぬ人《ひと》びとが、
自分《じぶん》たちが悪《わる》いわけではないのに、
飢《う》えて死《し》んでいくことを、
こごえて死《し》んでいくことを。

主《しゅ》よ、あわれんでください。
全世界《ぜんせかい》の貧《まず》しい人《ひと》びとを、

あなたが世《よ》におられたとき、
幾度《いくど》となく慈愛《じあい》の目《め》をお向《む》けになった病《やまい》に苦《くる》しむ人《ひと》びとを、
不自由《ふじゆう》な体《からだ》をあなたに見《み》せながら、あなたの慈悲《じひ》にすがった病人《びょうにん》たちを。

主《しゅ》よ、あわれんでください。
苦《くる》しむ人《ひと》びとをいわれもなく退《しりぞ》けた、このわたしをゆるしてください。
幸《しあわ》せをひとりじめにすることを、わたしにさせないでください。

全世界《ぜんせかい》の苦悩《くのう》を、わたしにも感《かん》じさせてください。
主《しゅ》よ、利己主義《りこしゅぎ》からの解放《かいほう》こそ、あなたはお望《のぞ》みになるのです。

❁ 神《かみ》よ変《か》えられないものを —— ラインホルド・ニーバー

神《かみ》よ、
変《か》えられないものを受《う》け容《い》れる心《こころ》の静《しず》けさと、
変《か》えられるものを変《か》える勇気《ゆうき》と、
その両者《りょうしゃ》を見分《みわ》ける英知《えいち》をお与《あた》えください。

マザー・テレサのことばで祈《いの》る

❁主《しゅ》よ、わたしをお使《つか》いください

主《しゅ》よ、きょう一日《いちにち》、
貧《まず》しい人《ひと》や病《や》んでいる人《ひと》を助《たす》けるために、
わたしの手《て》をお望《のぞ》みでしたら
きょう、わたしのこの手《て》をお使《つか》いください。

主《しゅ》よ、きょう一日《いちにち》、
友《とも》を求《もと》める人《ひと》びとを訪《おとず》れるために、
わたしの足《あし》をお望《のぞ》みでしたら
きょう、わたしのこの足《あし》をお使《つか》いください。

(次のページへ→)

主《しゅ》よ、きょう一日《いちにち》、
優《やさ》しいことばに飢《う》えている人《ひと》びとと語《かた》り合《あ》うために、
わたしの声《こえ》をお望《のぞ》みでしたら
きょう、わたしのこの声《こえ》をお使《つか》いください。

主《しゅ》よ、きょう一日《いちにち》、
人《ひと》は人《ひと》であるという理由《りゆう》だけでどんな人《ひと》でも愛《あい》するために、
わたしの心《こころ》をお望《のぞ》みでしたら
きょう、わたしのこの心《こころ》をお使《つか》いください。

✿ 愛《あい》の光線《こうせん》　マザー・テレサが唱えていたニューマン枢機卿の祈り

わたしたちがどこにいても、あなたの香《かお》りを漂《ただよ》わせますように。
あなたの霊《れい》といのちで、わたしたちの心《こころ》を満《み》たしてください。
わたしたちのいのちが、あなたのいのちの輝《かがや》きとなりますように。
主《しゅ》よ、あなたご自身《じしん》がわたしたちと共《とも》にいてくださることで、
あなたのように光《ひか》り輝《かがや》き、世《よ》の光《ひかり》となることができますように。
主《しゅ》よ、あなたからの輝《かがや》きを周《まわ》りの人《ひと》たちに照《て》らすことで、
あなたを讃《たた》えることができますように。
言葉《ことば》ではなく、生《い》き方《かた》とあふれ出《で》る喜《よろこ》び、
行《おこな》いに込《こ》める思《おも》いやりによって、
人《ひと》びとにあなたを知《し》らせ、愛《あい》に満《み》ちた心《こころ》で、
あなたを証《あか》しすることができますように。

❀ 自己《じこ》からの解放《かいほう》

主《しゅ》よ、わたしは信《しん》じきっていました。
わたしの心《こころ》が愛《あい》にみなぎっていると。
でも、胸《むね》に手《て》を当《あ》ててみて、本音《ほんね》に気《き》づかされました。
わたしが愛《あい》していたのは他人《たにん》ではなく、
他人《たにん》の中《なか》の自分《じぶん》であった事実《じじつ》に。
主《しゅ》よ、わたしが自分自身《じぶんじしん》から解放《かいほう》されますように。

主《しゅ》よ、わたしは思《おも》いこんでいました、
わたしは与《あた》えるべきことは何《なん》でも与《あた》えていたと。
でも、胸《むね》に手《て》を当《あ》ててみて、真実《しんじつ》がわかったのです。
わたしのほうこそ与《あた》えられていたのだと。
主《しゅ》よ、わたしが自分自身《じぶんじしん》から解放《かいほう》されますように。

主《しゅ》よ、わたしは信《しん》じきっていました、
自分《じぶん》が貧《まず》しい者《もの》であることを。
でも、胸《むね》に手《て》を当《あ》ててみて本音《ほんね》に気《き》づかされました。
実《じつ》は思《おも》いあがりとねたみの心《こころ》に、
わたしがふくれあがっていたことを。
主《しゅ》よ、わたしが自分自身《じぶんじしん》から解放《かいほう》されますように。

主《しゅ》よ、お願《ねが》いいたします。
わたしの中《なか》で天《てん》の国《くに》と、
この世《よ》の国《くに》ぐにとが まぜこぜになってしまうとき、
あなたの中《なか》にのみ、真《しん》の幸福《こうふく》と力添《ちからぞ》えを見《み》いだしますように。

❊ ミサ式《しき》次《し》第《だい》 *3 会衆用《かいしゅうよう》

—— 開祭《かいさい》 ——

❁ 入祭《にゅうさい》の歌《うた》　立つ

会衆が集まると入祭の歌を歌う。歌わない場合には入祭唱を唱える。

❁ あいさつ

入祭の歌が終わると、司祭のことばに合わせて、一同は十字架のしるしをする。

司祭　父《ちち》と子《こ》と聖霊《せいれい》のみ名《な》によって。

会衆　アーメン。

司祭　主《しゅ》イエス・キリストの恵《めぐ》み、神《かみ》の愛《あい》、聖霊《せいれい》の交《まじ》わりが
皆《みな》さんとともに。

または

父《ちち》である神《かみ》と主《しゅ》イエス・キリストからの恵《めぐ》みと平和《へいわ》が
皆《みな》さんとともに。

または

主《しゅ》は皆《みな》さんとともに。

司教が司式する場合　平和《へいわ》が皆《みな》さんとともに。

会衆　またあなたとともに。

❁ 回心《かいしん》の祈《いの》り

司祭はたとえば次のようなことばで一同を回心へと招く。

司祭　皆《みな》さん、聖《せい》なる祭儀《さいぎ》を行《おこな》う前《まえ》に、
わたしたちの罪《つみ》を認《みと》め、ゆるしを願《ねが》いましょう。

または

皆《みな》さん、わたしたちの罪《つみ》を思《おも》い、
感謝《かんしゃ》の祭儀《さいぎ》を祝《いわ》う前《まえ》に心《こころ》を改《あらた》めましょう。

短い沈黙の後、(一) ～ (三) のいずれかの祈りを唱える。

(一)　一同は手を合わせて頭を下げる。

一同　全能《ぜんのう》の神《かみ》と、兄弟姉妹《きょうだいしまい》の皆《みな》さんに告白《こくはく》します。
わたしは、思《おも》い、ことば、行《おこな》い、怠《おこた》りによって
たびたび罪《つみ》を犯《おか》しました。
聖母《せいぼ》マリア、すべての天使《てんし》と聖人《せいじん》、そして兄弟姉妹《きょうだいしまい》の皆《みな》さん、
罪深《つみふか》いわたしのために神《かみ》に祈《いの》ってください。

(二)

司祭　主《しゅ》よ、あわれみをわたしたちに。

会衆　わたしたちはあなたに罪《つみ》を犯《おか》しました。

司祭　主《しゅ》よ、いつくしみを示《しめ》し、

会衆　わたしたちに救《すく》いをお与えください。

(三)　先唱のことばは、聖書の朗読や典礼暦に合わせて変えることができる。

先唱　(打《う》ち砕《くだ》かれた心《こころ》をいやすために遣《つか》わされた主《しゅ》よ、いつくしみを。)

会衆　主《しゅ》よ、いつくしみをわたしたちに。

先唱　(罪《つみ》びとを招《まね》くために来《こ》られたキリスト、いつくしみを。)

会衆　キリスト、いつくしみをわたしたちに。

先唱　(父《ちち》の右《みぎ》の座《ざ》にあって、
わたしたちのためにとりなしてくださる主《しゅ》よ、いつくしみを。)

会衆　主《しゅ》よ、いつくしみをわたしたちに。

続いて、司祭は罪のゆるしを祈る。

司祭　全能《ぜんのう》の神《かみ》、いつくしみ深《ふか》い父《ちち》がわたしたちの罪《つみ》をゆるし、
永遠《えいえん》のいのちに導《みちび》いてくださいますように。

会衆　アーメン。

❁いつくしみの賛歌《さんか》（キリエ）

（一）～（二）のいずれかの賛歌を唱える。回心の祈り（三）を用いた場合は省く。

（一）

先唱　主《しゅ》よ、いつくしみを。

会衆　主《しゅ》よ、いつくしみをわたしたちに。

先唱　キリスト、いつくしみを。

会衆　キリスト、いつくしみをわたしたちに。

先唱　主《しゅ》よ、いつくしみを。

会衆　主《しゅ》よ、いつくしみをわたしたちに。

(二)

先唱　キリエ、エレイソン。

会衆　キリエ、エレイソン。

先唱　クリステ、エレイソン。

会衆　クリステ、エレイソン。

先唱　キリエ、エレイソン。

会衆　キリエ、エレイソン。

✽ 栄光《えいこう》の賛歌《さんか》（グロリア）　一同は歌うかまたは唱える。

天《てん》には神《かみ》に栄光《えいこう》、地《ち》にはみ心《こころ》にかなう人《ひと》に平和《へいわ》。
神《かみ》なる主《しゅ》、天《てん》の王《おう》、全能《ぜんのう》の父《ちち》なる神《かみ》よ。
わたしたちは主《しゅ》をほめ、主《しゅ》をたたえ、主《しゅ》を拝《おが》み、主《しゅ》をあがめ、
主《しゅ》の大《おお》いなる栄光《えいこう》のゆえに感謝《かんしゃ》をささげます。　（次のページへ→）

主《しゅ》なる御《おん》ひとり子《ご》イエス・キリストよ、
神《かみ》なる主《しゅ》、神《かみ》の小羊《こひつじ》、父《ちち》のみ子《こ》よ、
世《よ》の罪《つみ》を取《と》り除《のぞ》く主《しゅ》よ、いつくしみをわたしたちに。
世《よ》の罪《つみ》を取《と》り除《のぞ》く主《しゅ》よ、わたしたちの願《ねが》いを聞《き》き入《い》れてください。
父《ちち》の右《みぎ》に座《ざ》しておられる主《しゅ》よ、いつくしみをわたしたちに。
ただひとり聖《せい》なるかた、すべてを越《こ》える唯一《ゆいいつ》の主《しゅ》、イエス・キリストよ、
聖霊《せいれい》とともに父《ちち》なる神《かみ》の栄光《えいこう》のうちに。アーメン。

❁ 集会祈願《しゅうかいきがん》

司祭　祈《いの》りましょう。

一同はしばらく沈黙のうちに祈る。
続いて、司祭は集会祈願を唱え、会衆はその結びにはっきりと唱える。

会衆　アーメン。

―― ことばの典礼《てんれい》 ――

❁ 第一朗読《だいいちろうどく》 座る

朗読の終わりに、朗読者は手を合わせてはっきりと唱える。

朗読者 **神《かみ》のみことば。**

一同 **神《かみ》に感謝《かんしゃ》。**

朗読者は聖書に一礼して席に戻る。一同は沈黙のうちに、神のことばを味わう。

❁ 答唱詩編《とうしょうしへん》 詩編唱者あるいは先唱者は詩編を歌うかまたは唱え、会衆は答唱する。

❁ 第二朗読《だいにろうどく》 第二朗読が行われる場合、第一朗読と同じようにする。

❁ アレルヤ唱《しょう》（四旬節《しじゅんせつ》には詠唱《えいしょう》） 立つ

✽ 福音朗読《ふくいんろうどく》

助祭あるいは司祭は言う。

司祭　主《しゅ》は皆《みな》さんとともに。

会衆　またあなたとともに。

司祭　○○○による福音《ふくいん》。

額、口、胸に十字架のしるしをしながら、はっきりと唱える。

会衆　主《しゅ》に栄光《えいこう》。

福音朗読の終わりに唱える。

司祭　主《しゅ》のみことば。

一同　キリストに賛美《さんび》。

✽ 説教《せっきょう》　座る

✻ 信仰宣言《しんこうせんげん》　立つ

ニケア・コンスタンチノープル信条《しんじょう》

わたしは信《しん》じます。唯一《ゆいいつ》の神《かみ》、
全能《ぜんのう》の父《ちち》、天《てん》と地《ち》、見《み》えるもの、見《み》えないもの、
すべてのものの造《つく》り主《ぬし》を。
わたしは信《しん》じます。唯一《ゆいいつ》の主《しゅ》イエス・キリストを。
主《しゅ》は神《かみ》のひとり子《ご》、すべてに先立《さきだ》って父《ちち》より生《う》まれ、
神《かみ》よりの神《かみ》、光《ひかり》よりの光《ひかり》、まことの神《かみ》よりのまことの神《かみ》、
造《つく》られることなく生《う》まれ、父《ちち》と一体《いったい》。すべては主《しゅ》によって造《つく》られました。
主《しゅ》は、わたしたち人類《じんるい》のため、わたしたちの救《すく》いのために天《てん》からくだり、

次の一文は礼をして唱える。

聖霊《せいれい》によって、おとめマリアよりからだを受《う》け、人《ひと》となられました。

（次のページへ→）

ポンティオ・ピラトのもとで、わたしたちのために十字架《じゅうじか》につけられ、
苦《くる》しみを受《う》け、葬《ほうむ》られ、
聖書《せいしょ》にあるとおり三日目《みっかめ》に復活《ふっかつ》し、
天《てん》に昇《のぼ》り、父《ちち》の右《みぎ》の座《ざ》に着《つ》いておられます。
主《しゅ》は、生者《せいしゃ》と死者《ししゃ》を裁《さば》くために栄光《えいこう》のうちに再《ふたた》び来《こ》られます。
その国《くに》は終《お》わることがありません。
わたしは信《しん》じます。主《しゅ》であり、いのちの与《あた》え主《ぬし》である聖霊《せいれい》を。
聖霊《せいれい》は、父《ちち》と子《こ》から出《で》て、父《ちち》と子《こ》とともに礼拝《れいはい》され、栄光《えいこう》を受《う》け、
また預言者《よげんしゃ》をとおして語《かた》られました。
わたしは、聖《せい》なる、普遍《ふへん》の、使徒的《しとてき》、唯一《ゆいいつ》の教会《きょうかい》を信《しん》じます。
罪《つみ》のゆるしをもたらす唯一《ゆいいつ》の洗礼《せんれい》を認《みと》め、
死者《ししゃ》の復活《ふっかつ》と来世《らいせ》のいのちを待《ま》ち望《のぞ》みます。アーメン。

または

使徒信条《しとしんじょう》

天地《てんち》の創造主《そうぞうしゅ》、全能《ぜんのう》の父《ちち》である神《かみ》を信《しん》じます。
父《ちち》のひとり子《ご》、わたしたちの主《しゅ》イエス・キリストを信《しん》じます。

次の一文は礼をして唱える。

主《しゅ》は聖霊《せいれい》によってやどり、おとめマリアから生《う》まれ、
ポンティオ・ピラトのもとで苦《くる》しみを受《う》け、
十字架《じゅうじか》につけられて死《し》に、葬《ほうむ》られ、陰府《よみ》に下《くだ》り、
三日目《みっかめ》に死者《ししゃ》のうちから復活《ふっかつ》し、天《てん》に昇《のぼ》って、
全能《ぜんのう》の父《ちち》である神《かみ》の右《みぎ》の座《ざ》に着《つ》き、
生者《せいしゃ》と死者《ししゃ》を裁《さば》くために来《こ》られます。
聖霊《せいれい》を信《しん》じ、聖《せい》なる普遍《ふへん》の教会《きょうかい》、聖徒《せいと》の交《まじ》わり、
罪《つみ》のゆるし、からだの復活《ふっかつ》、永遠《えいえん》のいのちを信《しん》じます。アーメン。

共同《きょうどう》祈願《きがん》（信者《しんじゃ》の祈《いの》り）

会衆は各意向の後に応唱もしくは沈黙の祈りをもって祈りを自分のものとする。
司祭の結びの祈りの後に会衆ははっきりと唱える。

会衆　アーメン。

―― 感謝《かんしゃ》の典礼《てんれい》 ――

供《そな》えものの準備《じゅんび》　座る

ことばの典礼が終わると奉納の歌が始まる。
その間、奉仕者は感謝の典礼に必要なものを祭壇に準備する。
信者は、感謝の祭儀のためのパンとぶどう酒、
また、教会と貧しい人を助けるためのその他の供えものをささげることを通して、
自らの参加する心を表すことが勧められる。

❁ パンとぶどう酒《しゅ》を供《そな》える祈《いの》り

奉納の歌を歌わない場合、司祭と会衆は次の祈りをはっきりと唱えることができる。

司祭　神《かみ》よ、あなたは万物《ばんぶつ》の造《つく》り主《ぬし》。
ここに供《そな》えるパンはあなたからいただいたもの、
大地《だいち》の恵《めぐ》み、労働《ろうどう》の実《みの》り、わたしたちのいのちの糧《かて》となるものです。

会衆　神《かみ》よ、あなたは万物《ばんぶつ》の造《つく》り主《ぬし》。

司祭　神《かみ》よ、あなたは万物《ばんぶつ》の造《つく》り主《ぬし》。
ここに供《そな》えるぶどう酒《しゅ》はあなたからいただいたもの、
大地《だいち》の恵《めぐ》み、労働《ろうどう》の実《みの》り、わたしたちの救《すく》いの杯《さかずき》となるものです。

会衆　神《かみ》よ、あなたは万物《ばんぶつ》の造《つく》り主《ぬし》。

❁ 祈《いの》りへの招《まね》き

司祭　皆《みな》さん、ともにささげるこのいけにえを、（次のページへ→）

全能《ぜんのう》の父《ちち》である神《かみ》が受《う》け入《い》れてくださるよう祈《いの》りましょう。

会衆は立って答える。

会衆　神《かみ》の栄光《えいこう》と賛美《さんび》のため、またわたしたちと全教会《ぜんきょうかい》のために、
あなたの手《て》を通《とお》しておささげするいけにえを、
神《かみ》が受《う》け入《い》れてくださいますように。

一同はしばらく沈黙のうちに祈る。

✽ 奉納祈願《ほうのうきがん》　司祭は奉納祈願を唱え、会衆はその結びにはっきりと唱える。

会衆　アーメン。

奉献文《ほうけんぶん》（エウカリスティアの祈《いの》り）

司祭　主《しゅ》は皆《みな》さんとともに。

会衆　またあなたとともに。

司祭　心《こころ》をこめて、

会衆　神《かみ》を仰《あお》ぎ、

司祭　賛美《さんび》と感謝《かんしゃ》をささげましょう。

会衆　それはとうとい大切《たいせつ》な務《つと》め（です）。　※歌う場合（　）は省く。

❁ 叙唱《じょしょう》　司祭は叙唱を唱える。

❁ 感謝《かんしゃ》の賛歌《さんか》（サンクトゥス）　一同は歌うかはっきりと唱える。

聖《せい》なる、聖《せい》なる、聖《せい》なる神《かみ》、すべてを治《おさ》める神《かみ》なる主《しゅ》。
主《しゅ》の栄光《えいこう》は天地《てんち》に満《み》つ。
天《てん》には神《かみ》にホザンナ。
主《しゅ》の名《な》によって来《こ》られるかたに賛美《さんび》。
天《てん》には神《かみ》にホザンナ。

第二奉献文《だいにほうけんぶん》

司祭　まことに聖《せい》なる神《かみ》、すべての聖性《せいせい》の源《みなもと》である父《ちち》よ、いま、聖霊《せいれい》を注《そそ》ぎ、この供《そな》えものを聖《せい》なるものとしてください。わたしたちのために、主《しゅ》イエス・キリストの御《おん》からだと御血《おんち》になりますように。

第三奉献文《だいさんほうけんぶん》

司祭　まことに聖《せい》なる父《ちち》よ、造《つく》られたものはすべて、あなたをほめたたえています。御子《おんこ》わたしたちの主《しゅ》イエス・キリストを通《とお》して、聖霊《せいれい》の力強《ちからづよ》い働《はたら》きにより、すべてにいのちを与《あた》え、聖《せい》なるものとし、たえず人々《ひとびと》をあなたの民《たみ》としてお集《あつ》めになるからです。日《ひ》の昇《のぼ》る所《ところ》から日《ひ》の沈《しず》む所《ところ》まで、あなたに清《きよ》いささげものが供《そな》えられるために。

聖《せい》なる父《ちち》よ、あなたにささげるこの供《そな》えものを、いま、聖霊《せいれい》によっ

主《しゅ》イエスはすすんで受難《じゅなん》に向《む》かう前《まえ》に、パンを取《と》り、感謝《かんしゃ》をささげ、裂《さ》いて、弟子《でし》に与《あた》えて仰《おお》せになりました。「皆《みな》、これを取《と》って食《た》べなさい。これはあなたがたのために渡《わた》されるわたしのからだ(である)。」

（第二奉献文）

て聖《せい》なるものとしてください。御子《おんこ》わたしたちの主《しゅ》イエス・キリストの御《おん》からだと御血《おんち》になりますように。キリストのことばに従《したが》って、いま、わたしたちはこの神秘《しんぴ》を祝《いわ》います。

主《しゅ》イエスは渡《わた》される夜《よる》、パンを取《と》り、あなたに賛美《さんび》と感謝《かんしゃ》をささげ、裂《さ》いて、弟子《でし》に与《あた》えて仰《おお》せになりました。「皆《みな》、これを取《と》って食《た》べなさい。これはあなたがたのために渡《わた》されるわたしのからだ(である)。」

（第三奉献文）

司祭がホスティアを示した後、一同は手を合わせて深く礼をする。

食事《しょくじ》の後《あと》に同《おな》じように杯《さかずき》を取《と》り、感謝《かんしゃ》をささげ、弟子《でし》に与《あた》えて仰《おお》せになりました。「皆《みな》、これを受《う》けて飲《の》みなさい。これはわたしの血《ち》の杯《さかずき》、あなたがたと多《おお》くの人《ひと》のために流《なが》されて罪《つみ》のゆるしとなる新《あたら》しい永遠《えいえん》の契約《けいやく》の血《ち》（である）。これをわたしの記念《きねん》として行《おこな》いなさい。」

司祭がカリスを示した後、一同は手を合わせて深く礼をする。

（第二奉献文）

司祭がホスティアを示した後、一同は手を合わせて深く礼をする。

食事《しょくじ》の後《あと》に同《おな》じように杯《さかずき》を取《と》り、あなたに賛美《さんび》と感謝《かんしゃ》をささげ、弟子《でし》に与《あた》えて仰《おお》せになりました。「皆《みな》、これを受《う》けて飲《の》みなさい。これはわたしの血《ち》の杯《さかずき》、あなたがたと多《おお》くの人《ひと》のために流《なが》されて罪《つみ》のゆるしとなる新《あたら》しい永遠《えいえん》の契約《けいやく》の血《ち》（である）。これをわたしの記念《きねん》として行《おこな》いなさい。」

司祭がカリスを示した後、一同は手を合わせて深く礼をする。

（第三奉献文）

司祭　信仰《しんこう》の神秘《しんぴ》。

会衆は以下のいずれかのことばをはっきりと唱える。

会衆　主《しゅ》よ、あなたの死《し》を告《つ》げ知《し》らせ、復活《ふっかつ》をほめたたえます。再《ふたた》び来《こ》られるときまで。

または

主《しゅ》よ、このパンを食《た》べ、この杯《さかずき》を飲《の》むたびに、あなたの死《し》を告《つ》げ知《し》らせます。再《ふたた》び来《こ》られるときまで。

または

十字架《じゅうじか》と復活《ふっかつ》によってわたしたちを解放《かいほう》された世《よ》の救《すく》い主《ぬし》、わたし

（第二奉献文）

司祭　信仰《しんこう》の神秘《しんぴ》。

会衆は以下のいずれかのことばをはっきりと唱える。

会衆　主《しゅ》よ、あなたの死《し》を告《つ》げ知《し》らせ、復活《ふっかつ》をほめたたえます。再《ふたた》び来《こ》られるときまで。

または

主《しゅ》よ、このパンを食《た》べ、この杯《さかずき》を飲《の》むたびに、あなたの死《し》を告《つ》げ知《し》らせます。再《ふたた》び来《こ》られるときまで。

または

十字架《じゅうじか》と復活《ふっかつ》によってわたしたちを解放《かいほう》された世《よ》の救《すく》い主《ぬし》、わたし

（第三奉献文）

たちをお救《すく》いください。

司祭　聖《せい》なる父《ちち》よ、わたしたちはいま、主《しゅ》イエスの死《し》と復活《ふっかつ》の記念《きねん》を行《おこな》い、み前《まえ》であなたに奉仕《ほうし》できることを感謝《かんしゃ》し、いのちのパンと救《すく》いの杯《さかずき》をささげます。

　キリストの御《おん》からだと御血《おんち》にともにあずかるわたしたちが、聖霊《せいれい》によって一《ひと》つに結《むす》ばれますように。

（第二奉献文）

たちをお救《すく》いください。

司祭　聖《せい》なる父《ちち》よ、わたしたちはいま、御子《おんこ》キリストの救《すく》いをもたらす受難《じゅなん》、復活《ふっかつ》、昇天《しょうてん》を記念《きねん》し、その再臨《さいりん》を待《ま》ち望《のぞ》み、いのちに満《み》ちたこの聖《せい》なるいけにえを感謝《かんしゃ》してささげます。

　あなたの教会《きょうかい》のささげものを顧《かえり》み、まことの和解《わかい》のいけにえとして認《みと》め、受《う》け入《い》れてください。御《おん》子《こ》キリストの御《おん》からだと御血《おんち》によってわたしたちが養《やしな》われ、聖霊《せいれい》に満《み》たされて、キリストのうちに、

（第三奉献文）

世界《せかい》に広《ひろ》がるあなたの教会《きょうかい》を思《おも》い起《お》こし、教皇《きょうこう》○○○○、わたしたちの司教《しきょう》○○○○、すべての奉《ほう》仕者《ししゃ》とともに、あなたの民《たみ》をまことの愛《あい》で満《み》たしてください。

(p.72 へ→)
(死者のためのミサの場合は p.71 へ→)

一《ひと》つのからだ、一《ひと》つの心《こころ》となりますように。

聖霊《せいれい》によってわたしたちを、あなたにささげられた永遠《えいえん》の供《そな》えものとしてください。選《えら》ばれた人々《ひとびと》、神《かみ》の母《はは》おとめマリアと聖《せい》ヨセフ、使徒《しと》と殉教者《じゅんきょうしゃ》、（聖○○○○、〔その日の聖人または保護の聖人名〕）すべての聖人《せいじん》とともに神《かみ》の国《くに》を継《つ》ぎ、その取《と》り次《つ》ぎによってたえず助《たす》けられますように。

わたしたちの罪《つみ》のゆるしとなるこのいけにえが、全世界《ぜんせかい》の平和《へいわ》と救《すく》いのためになりますように。地《ち》上《じょう》を旅《たび》するあなたの教会《きょうかい》、教皇《きょうこう》○○○○、わたしたちの司教《しきょう》○○○○、司教団《しきょうだん》とすべての奉仕者《ほうししゃ》を導《みちび》き、あなたの民《たみ》となったすべての人《ひと》の信仰《しんこう》と愛《あい》を強《つよ》めてください。あなたがここにお集《あつ》めになったこの家族《かぞく》の願《ねが》いを聞《き》き入《い》れてください。いつくしみ深《ふか》い父《ちち》よ、あなたの子《こ》がどこにいても、すべてあなたのもとに呼《よ》び寄《よ》せてください。

(p.72 へ→)
(死者のためのミサの場合は p.71 へ→)

死者のためのミサの場合は、
次の祈りを加えることができる。

（きょう）この世《よ》からあなたのもとに召《め》された○○○○を心《こころ》に留《と》めてください。洗礼《せんれい》によってキリストの死《し》に結《むす》ばれた者《もの》が、その復活《ふっかつ》にも結《むす》ばれますように。

（第二奉献文）

死者のためのミサの場合は、
次の祈りを加えることができる。

（きょう、）この世《よ》からあなたのもとに召《め》された○○○○を心《こころ》に留《と》めてください。洗礼《せんれい》によってキリストの死《し》にあずかった者《もの》が、その復活《ふっかつ》にもあずかることができますように。

キリストは死者《ししゃ》を復活《ふっかつ》させるとき、滅《ほろ》びゆくわたしたちのからだを、ご自分《じぶん》の栄光《えいこう》のからだに変《か》えてくださいます。

また、

（第三奉献文）

また、復活《ふっかつ》の希望《きぼう》をもって眠《ねむ》りについたわたしたちの兄弟姉妹《きょうだいしまい》と、あなたのいつくしみのうちに亡《な》くなったすべての人《ひと》を心《こころ》に留《と》め、あなたの光《ひかり》の中《なか》に受《う》け入《い》れてください。いま、ここに集《つど》うわたしたちをあわれみ、神《かみ》の母《はは》おとめマリアと聖《せい》ヨセフ、使徒《しと》とすべての時代《じだい》の聖人《せいじん》とともに、永遠《えいえん》のいのちにあずからせてください。

御子《おんこ》イエス・キリストを通《とお》してあなたをほめたたえることができますように。　(p.74へ→)

死者のためのミサの場合は、〔 〕は省く。

亡《な》くなったわたしたちの兄弟姉妹《きょうだいしまい》、〔また、〕み旨《むね》に従《したが》って生活《せいかつ》し、いまはこの世《よ》を去《さ》ったすべての人《ひと》を、あなたの国《くに》に受《う》け入《い》れてください。わたしたちもいつかその国《くに》で、いつまでもともにあなたの栄光《えいこう》にあずかり、喜《よろこ》びに満《み》たされますように。

死者のためのミサで祈りを加えた場合は、次のように続ける。

そのときあなたは、わたしたちの目《め》から涙《なみだ》をすべてぬぐい去《さ》り、わたしたちは神《かみ》であるあなたをありのままに見《み》て、永遠《えいえん》にあなたに似《に》るものとなり、終《お》わりなくあなたをたたえることができるのです。

わたしたちの主《しゅ》イエス・キリストを通《とお》して、あなたはすべてのよいものを世《よ》にお与《あた》えになります。

（第二奉献文、第三奉献文　共通）

司祭　キリストによってキリストとともにキリストのうちに、
聖霊《せいれい》の交《まじ》わりの中《なか》で、
全能《ぜんのう》の神《かみ》、父《ちち》であるあなたに、
すべての誉《ほま》れと栄光《えいこう》は、世々《よよ》に至《いた》るまで、

会衆ははっきりと唱える。

会衆　アーメン。

交《まじ》わりの儀《ぎ》（コムニオ）

❁主《しゅ》の祈《いの》り

司祭はたとえば次のようなことばで会衆を主の祈りに招く。

司祭　主《しゅ》の教《おし》えを守《まも》り、みことばに従《したが》い、
つつしんで主《しゅ》の祈《いの》りを唱《とな》えましょう。

一同　天《てん》におられるわたしたちの父《ちち》よ、
み名《な》が聖《せい》とされますように。
み国《くに》が来《き》ますように。
みこころが天《てん》に行《おこな》われるとおり地《ち》にも行《おこな》われますように。
わたしたちの日《ひ》ごとの糧《かて》を今日《きょう》もお与《あた》えください。
わたしたちの罪《つみ》をおゆるしください。
わたしたちも人《ひと》をゆるします。
わたしたちを誘惑《ゆうわく》におちいらせず、悪《あく》からお救《すく》いください。

司祭　いつくしみ深《ふか》い父《ちち》よ、すべての悪《あく》からわたしたちを救《すく》い、
世界《せかい》に平和《へいわ》をお与《あた》えください。
あなたのあわれみに支《ささ》えられて、罪《つみ》から解放《かいほう》され、 （次のページへ→）

すべての困難《こんなん》に打《う》ち勝《か》つことができますように。
わたしたちの希望《きぼう》、
救《すく》い主《ぬし》イエス・キリストが来《こ》られるのを待《ま》ち望《のぞ》んでいます。

会衆は次のことばをはっきりと唱えて祈りを結ぶ。

会衆　国《くに》と力《ちから》と栄光《えいこう》は、永遠《えいえん》にあなたのもの。

✿ 教会《きょうかい》に平和《へいわ》を願《ねが》う祈《いの》り

司祭　主《しゅ》イエス・キリスト、あなたは使徒《しと》に仰《おお》せになりました。
「わたしは平和《へいわ》を残《のこ》し、わたしの平和《へいわ》をあなたがたに与《あた》える。」
主《しゅ》よ、わたしたちの罪《つみ》ではなく、教会《きょうかい》の信仰《しんこう》を顧《かえり》み、
おことばのとおり教会《きょうかい》に平和《へいわ》と一致《いっち》をお与《あた》えください。
あなたはまことのいのち、すべてを導《みちび》かれる神《かみ》、世々《よよ》とこしえに。

会衆　アーメン。

❁ 平和《へいわ》のあいさつ

司祭　**主《しゅ》の平和《へいわ》がいつも皆《みな》さんとともに。**

会衆　**またあなたとともに。**

状況に応じて、助祭または司祭は、次のように続ける。

司祭　**互《たが》いに平和《へいわ》のあいさつを交《か》わしましょう。**

一同は平和と一致と愛を示すために、互いにあいさつを交わす。
日本では手を合わせ、「主《しゅ》の平和《へいわ》」と言って互いに礼をすることができる。

❁ 平和《へいわ》の賛歌《さんか》（アニュス・デイ）

パンが裂かれている間に、歌うかまたは唱える。

世《よ》の罪《つみ》を取《と》り除《のぞ》く神《かみ》の小羊《こひつじ》、いつくしみをわたしたちに。
世《よ》の罪《つみ》を取《と》り除《のぞ》く神《かみ》の小羊《こひつじ》、いつくしみをわたしたちに。
世《よ》の罪《つみ》を取《と》り除《のぞ》く神《かみ》の小羊《こひつじ》、平和《へいわ》をわたしたちに。

パンを裂くために時間がかかる場合、何度か繰り返すことができる。
最後に「平和《へいわ》をわたしたちに」で結ぶ。

❁ 拝領前《はいりょうまえ》の信仰告白《しんこうこくはく》

司祭　世《よ》の罪《つみ》を取《と》り除《のぞ》く神《かみ》の小羊《こひつじ》。
神《かみ》の小羊《こひつじ》の食卓《しょくたく》に招《まね》かれた人《ひと》は幸《さいわ》い。

会衆　主《しゅ》よ、わたしはあなたをお迎《むか》えするに
ふさわしい者《もの》ではありません。
おことばをいただくだけで救《すく》われます。

または

主《しゅ》よ、あなたは神《かみ》の子《こ》キリスト、永遠《えいえん》のいのちの糧《かて》、
あなたをおいてだれのところに行《ゆ》きましょう。

❁ 拝領《はいりょう》

司祭がキリストの御からだを拝領している間に、拝領の歌を始める。
歌わない場合には拝領唱を唱える。
洗礼を受けたカトリック信者は聖体を拝領することができる。
拝領者は司祭または奉仕者に近づき、聖体を拝領する。

司祭　**キリストの御《おん》からだ。**

拝領者　**アーメン。**

拝領者はホスティアを受けると、すぐにすべてを拝領して席に戻る。

両形態による拝領の場合は、ホスティアの拝領に続けて次のように行う。

司　祭　**キリストの御血《おんち》。**

拝領者　**アーメン。**

拝領者はカリスを受け取り、御血を拝領して席に戻る。
または

司祭はホスティアを御血に浸し、拝領者に示して言う。

司　祭　キリストの御《おん》からだと御血《おんち》。

拝領者　アーメン。

拝領者は聖体を直接口で受け、すべてを拝領して席に戻る。

拝領後、一同は座ってしばらく沈黙のうちに祈る。
適当であれば、詩編かほかの賛美の歌、もしくは賛歌を歌うことができる。

❁ 拝領祈願《はいりょうきがん》　立つ

司祭　祈《いの》りましょう。

一同はしばらく沈黙のうちに祈る。
続いて、司祭は拝領祈願を唱え、会衆はその結びにはっきりと唱える。

会衆　アーメン。

——閉祭《へいさい》——

❁ お知《し》らせ

必要があれば、会衆への短いお知らせが行われる。

❁ 派遣《はけん》の祝福《しゅくふく》

司祭　主《しゅ》は皆《みな》さんとともに。

会衆　またあなたとともに。

司祭　全能《ぜんのう》の神《かみ》、父《ちち》と子《こ》と聖霊《せいれい》の祝福《しゅくふく》が皆《みな》さんの上《うえ》にありますように。

会衆　アーメン。

司教が司式するミサの場合は、次のように言う。

司教　主《しゅ》は皆《みな》さんとともに。

会衆　またあなたとともに。

司教　主《しゅ》のみ名《な》がいつもたたえられますように。

会衆　いまよりとこしえに。

司教　主《しゅ》のみ名《な》はわたしたちの助《たす》け。

会衆　主《しゅ》は天地《てんち》の造《つく》り主《ぬし》。

司教　全能《ぜんのう》の神《かみ》、父《ちち》と子《こ》と聖霊《せいれい》の祝福《しゅくふく》が
皆《みな》さんの上《うえ》にありますように。

会衆　アーメン。

閉祭《へいさい》のことば

助祭または司祭は会衆に向かって言う。

司祭　感謝《かんしゃ》の祭儀《さいぎ》を終《お》わります。
行《ゆ》きましょう、主《しゅ》の平和《へいわ》のうちに。

または

(感謝《かんしゃ》の祭儀《さいぎ》を終《お》わります。)

行《ゆ》きましょう、主《しゅ》の福音《ふくいん》を告《つ》げ知《し》らせるために。

または

(感謝《かんしゃ》の祭儀《さいぎ》を終《お》わります。)

平和《へいわ》のうちに行《ゆ》きましょう、
日々《ひび》の生活《せいかつ》の中《なか》で主《しゅ》の栄光《えいこう》をあらわすために。

会衆　神《かみ》に感謝《かんしゃ》。

❋ 退堂《たいどう》

閉祭の歌を歌うこともできる。

✻ ゆるしの秘跡《ひせき》

わたしたちは洗礼《せんれい》のときに、それまでの罪《つみ》をすべてゆるされます。その後《ご》、罪《つみ》を犯《おか》した場合《ばあい》は、慈悲深《じひぶか》い神《かみ》の呼《よ》びかけに心《こころ》を開《ひら》き、ゆるしの秘跡《ひせき》の豊《ゆた》かな恵《めぐ》みをいただくことによって罪《つみ》がゆるされます。

ゆるしの秘跡《ひせき》は、次《つぎ》の７つの要素《ようそ》から成《な》り立《た》っています。

1．**心《こころ》の糾明《きゅうめい》**（p.86 を参照）

ありのままの自分《じぶん》を神《かみ》の前《まえ》に置《お》き、反省《はんせい》します。

2．**悔《く》い改《あらた》め**

慈愛深《じあいぶか》く待《ま》っておられる神《かみ》の呼《よ》びかけを聞《き》くことから回心《かいしん》は始《はじ》まります。犯《おか》した罪《つみ》を悔《く》やみ、忌《い》み嫌《きら》い、再《ふたた》び罪《つみ》を犯《おか》さない決心《けっしん》をすることです。

3．告白《こくはく》

自分《じぶん》のありのままを認《みと》め、具体的《ぐたいてき》にことばにして罪《つみ》を表明《ひょうめい》します。

4．司祭《しさい》の勧《すす》め

必要《ひつよう》に応《おう》じて、司祭《しさい》は神《かみ》のほうに向《む》かって歩《あゆ》むためのアドバイスを与《あた》えます。また、適当《てきとう》な祈《いの》りや犠牲《ぎせい》を指示《しじ》します。

5．悔《く》い改《あらた》めの祈《いの》り

神《かみ》の前《まえ》に自分《じぶん》の現状《げんじょう》を認《みと》め、謙遜《けんそん》にゆるしを願《ねが》う祈《いの》りを唱《とな》えます。

6．ゆるしのことば

神《かみ》のゆるしは、司祭《しさい》のことばを通《とお》して、告白《こくはく》した人《ひと》に与《あた》えられます。

7．生活《せいかつ》の改善《かいぜん》

ゆるしの秘跡《ひせき》は過去《かこ》の罪《つみ》を問《と》う場《ば》ではなく、新《あら》たに出発《しゅっぱつ》するための力《ちから》をいただく場《ば》です。新《あら》たな気持《きも》ちで、神《かみ》と隣人《りんじん》に向《む》かって歩《あゆ》む出発点《しゅっぱつてん》です。

心《こころ》の糾明《きゅうめい》のために

わたしたちは、ミサに与《あずか》るたびに、「わたしは、思《おも》い、ことば、行《おこな》い、怠《おこた》りによってたびたび罪《つみ》を犯《おか》しました」と唱《とな》えますが、その祈《いの》りを思《おも》い起《お》こしながら、心《こころ》の糾明《きゅうめい》をしましょう。

1. 神《かみ》に対《たい》して　思《おも》い、ことば、行《おこな》い、怠《おこた》りによって、神《かみ》を悲《かな》しませたことがなかったか、糾明《きゅうめい》しましょう。
2. 隣人《りんじん》に対《たい》して　思《おも》い、ことば、行《おこな》い、怠《おこた》りによって、隣人《りんじん》を悲《かな》しませ傷《きず》つけたことがなかったか、糾明《きゅうめい》しましょう。
3. 自分自身《じぶんじしん》に対《たい》して　思《おも》い、ことば、行《おこな》い、怠《おこた》りによって、わたしたち一人《ひとり》ひとりの幸《しあわ》せを願《ねが》っておられる神《かみ》のみ旨《むね》に応《こた》えて、自分《じぶん》の人生《じんせい》やいのちを大切《たいせつ》にしているかどうか糾明《きゅうめい》しましょう。

〈ゆるしの秘跡《ひせき》の受《う》け方《かた》〉*4

司祭・信者　父《ちち》と子《こ》と聖霊《せいれい》のみ名《な》によって。アーメン。

司祭は回心を呼びかける言葉を言います。
時間のある場合は、ここで聖書のみことばを朗読することもあります。

—罪《つみ》の告白《こくはく》—

司祭　神《かみ》のいつくしみに信頼《しんらい》して、あなたの罪《つみ》を告白《こくはく》してください。

信者は、前回いつ告白したかを言ってから、それ以後の罪を告白し、
最後に次の言葉でしめくくります。

信者　きょうまでの主《おも》な罪《つみ》を告白《こくはく》しました。ゆるしをお願《ねが》いいたします。

司祭は助言や勧めを与え、償いを指示します。

—悔《く》い改《あらた》めの祈《いの》り—

司祭　それでは、神《かみ》のゆるしを求《もと》め、
心《こころ》から悔《く》い改《あらた》めの祈《いの》りを唱《とな》えてください。

信者　神《かみ》よ、いつくしみ深《ふか》くわたしを顧《かえり》み、
豊《ゆた》かなあわれみによってわたしのとがをゆるしてください。
悪《あく》に染《そ》まったわたしを洗《あら》い、罪深《つみふか》いわたしを清《きよ》めてください。

—罪《つみ》のゆるし—

司祭はゆるしを求める人の上に手を延べて、罪のゆるしを与えます。

司祭　全能《ぜんのう》の神《かみ》、あわれみ深《ふか》い父《ちち》は、
御子《おんこ》キリストの死《し》と復活《ふっかつ》によって世《よ》をご自分《じぶん》に立《た》ち帰《かえ》らせ、
罪《つみ》のゆるしのために聖霊《せいれい》を注《そそ》がれました。
神《かみ》が教会《きょうかい》の奉仕《ほうし》の務《つと》めを通《とお》して

あなたにゆるしと平和《へいわ》を与《あた》えてくださいますように。
わたしは、父《ちち》と子《こ》と聖霊《せいれい》のみ名《な》によって、
あなたの罪《つみ》をゆるします。

信者　アーメン。

司祭　神《かみ》に立《た》ち帰《かえ》り、罪《つみ》をゆるされた人《ひと》は幸《しあわ》せです。ご安心《あんしん》ください。

信者　ありがとうございます。

司祭のもとを辞去した後、神に感謝の祈りをささげ、指示された償いを果たします。

※場合によって、司祭の言葉は異なることがあります。

✻ロザリオの祈《いの》り

ロザリオは、カトリック教会《きょうかい》の中《なか》で古《ふる》くから愛《あい》されてきた祈《いの》りです。ロザリオの珠《たま》を繰《く》りながら、キリストの生涯《しょうがい》に現《あらわ》れた神《かみ》のいつくしみの神秘《しんぴ》（玄義《げんぎ》）をマリアとともに黙想《もくそう》します。

〈ロザリオの唱《とな》え方《かた》〉

❶はじめに、十字架《じゅうじか》のしるしをしながら
「神《かみ》よ、わたしを力《ちから》づけ、急《いそ》いで助《たす》けに来《き》てください」と唱《とな》え、
続《つづ》けて栄唱《えいしょう》（p.7）を唱《とな》えます。
使徒信条《しとしんじょう》（p.59）を唱《とな》えることもできます。

❷主《しゅ》の祈《いの》り（p.6）を1回唱《かいとな》えます。

❸アヴェ・マリアの祈《いの》り（p.7）を3回唱《かいとな》え、
続《つづ》けて栄唱《えいしょう》を1回唱《かいとな》えます。
❹曜日《ようび》に合《あ》う神秘《しんぴ》を選《えら》び、黙想《もくそう》を提示《ていじ》し、
主《しゅ》の祈《いの》りを1回唱《かいとな》えます。
❺アヴェ・マリアの祈《いの》りを10回唱《かいとな》え、
続《つづ》けて栄唱《えいしょう》を1回唱《かいとな》えます。

❹と❺を合《あ》わせて「一連《いちれん》」、
5連《れん》で「一環《いっかん》」と言《い》います。
❹と❺を繰《く》り返《かえ》し、一環唱《いっかんとな》えます。

❻元后《げんこう》あわれみの母《はは》など
聖母《せいぼ》への祈《いの》り（p.18～）を唱《とな》えて、
ロザリオの祈《いの》りを終《お》わります。

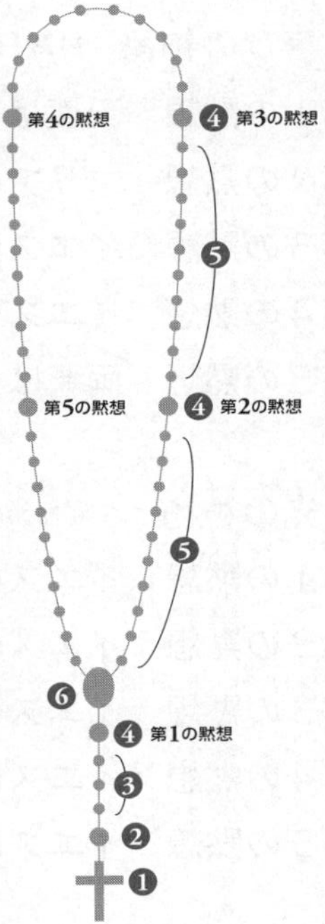

❁ 喜《よろこ》びの神秘《しんぴ》（月曜日・土曜日）

第《だい》1の黙想《もくそう》　天使《てんし》はイエスの誕生《たんじょう》を告《つ》げる

第《だい》2の黙想《もくそう》　マリアはエリサベトを訪問《ほうもん》される

第《だい》3の黙想《もくそう》　イエスはマリアからお生《う》まれになる

第《だい》4の黙想《もくそう》　イエスは神殿《しんでん》にささげられる

第《だい》5の黙想《もくそう》　両親《りょうしん》はイエスを神殿《しんでん》で見《み》つける

❁ 光《ひかり》の神秘《しんぴ》（木曜日）

第《だい》1の黙想《もくそう》　イエスはヨルダン川《がわ》で洗礼《せんれい》を受《う》けられる

第《だい》2の黙想《もくそう》　イエスはカナの婚礼《こんれい》でご自身《じしん》の栄光《えいこう》を現《あらわ》される

第《だい》3の黙想《もくそう》　イエスは回心《かいしん》を訴《うった》え、「神《かみ》の国《くに》」の到来《とうらい》を宣言《せんげん》される

第《だい》4の黙想《もくそう》　イエスは神性《しんせい》を現《あらわ》すために、弟子《でし》たちの前《まえ》で変容《へんよう》される

第《だい》5の黙想《もくそう》　イエスは聖体《せいたい》を制定《せいてい》される

❁ 苦《くる》しみの神秘《しんぴ》（火曜日・金曜日）

第《だい》1の黙想《もくそう》　イエスはゲツセマネで苦《くる》しまれる

第《だい》2の黙想《もくそう》　イエスはむちで打《う》たれる

第《だい》3の黙想《もくそう》　イエスはいばらの冠《かんむり》を受《う》けられる

第《だい》4の黙想《もくそう》　イエスは十字架《じゅうじか》を担《にな》って歩《あゆ》まれる

第《だい》5の黙想《もくそう》　イエスは十字架《じゅうじか》の上《うえ》で亡《な》くなられる

❁ 栄《さか》えの神秘《しんぴ》（水曜日・日曜日）

第《だい》1の黙想《もくそう》　イエスは死《し》から復活《ふっかつ》される

第《だい》2の黙想《もくそう》　イエスは父《ちち》のもとにのぼられる

第《だい》3の黙想《もくそう》　イエスは父《ちち》のもとから聖霊《せいれい》を送《おく》られる

第《だい》4の黙想《もくそう》　マリアは身《み》も心《こころ》も天《てん》にあげられる

第《だい》5の黙想《もくそう》　マリアはイエスの栄光《えいこう》にあずかられる

❊十字架《じゅうじか》の道行《みちゆき》

十字架《じゅうじか》の道行《みちゆき》は、イエス・キリストの御受難《ごじゅなん》の各場面《かくばめん》を、愛《あい》と痛悔《つうかい》の心《こころ》をもって黙想《もくそう》する祈《いの》りです。

❊はじめの祈《いの》り

主《しゅ》イエスよ、わたしはしばらくあなたと共《とも》に、あなたがわたしのためにお忍《しの》びくださったおん苦《くる》しみの跡《あと》を慕《した》い、歩《あゆ》みたいと望《のぞ》みます。あなたの限《かぎ》りない慈《いつく》しみをわたしに、深《ふか》く悟《さと》らせてください。

第《だい》1留《りゅう》　イエス、死刑《しけい》の宣告《せんこく》を受《う》ける

主《しゅ》イエスよ、あなたは神《かみ》でいらっしゃいますから、お亡《な》くなりになる方《かた》ではありません。あなたは十字架刑《じゅうじかけい》を避《さ》けることがおできになります。けれどもイエスよ、あなたはわたしを愛《あい》するためにお亡《な》くなりになりました。わたしもたとえあなたの愛《あい》のために死《し》ぬことができなくても、あなたの愛《あい》のために生《い》きたいと思《おも》います。

主《しゅ》よ、わたしをあわれんでください。

第《だい》2留《りゅう》　イエス、十字架《じゅうじか》を担《にな》う

主《しゅ》イエスよ、それはわたしの十字架《じゅうじか》です。主《しゅ》よ、あなたはわたしの十字《じゅうじ》架《か》を担《にな》われました。主《しゅ》はいつもわたしを助《たす》けてくださいますから、わたしの十字架《じゅうじか》は、主《しゅ》の十字架《じゅうじか》の重《おも》さとは比較《ひかく》になりません。

主《しゅ》よ、わたしをあわれんでください。

第《だい》3留《りゅう》　イエス、はじめて倒《たお》れる

主《しゅ》イエスよ、あなたはわたしの罪《つみ》の重《おも》さのためにお倒《たお》れになりました。主《しゅ》の十字架《じゅうじか》の重《おも》さは測《はか》ることができません。けれどもわたしの罪《つみ》ほど重《おも》い十字架《じゅうじか》はありません。

主《しゅ》よ、わたしをあわれんでください。

第《だい》4留《りゅう》　イエス、聖母《せいぼ》マリアに会《あ》う

主《しゅ》イエスよ、あなたのみこころを槍《やり》で貫《つらぬ》いたのは、わたしです。聖母《せいぼ》マリアのみこころを悲《かな》しみの剣《つるぎ》で刺《さ》し貫《つらぬ》いたのもわたしです。ああ、神《かみ》のおん子《こ》イエス、聖母《せいぼ》のおん子《こ》イエス、どれほど罪《つみ》を恐《おそ》れなければならないかを、わたしに深《ふか》く悟《さと》らせてください。

主《しゅ》よ、わたしをあわれんでください。

第《だい》5留《りゅう》　イエス、キレネのシモンの助《たす》けを受《う》ける

主《しゅ》イエスよ、あなたの担《にな》われた十字架《じゅうじか》は、実《じつ》にわたしの担《にな》うべき十字架《じゅうじか》でした。これからは義務《ぎむ》を怠《おこた》らず、いっそうみ心《こころ》に添《そ》う決心《けっしん》をいたします。

主《しゅ》よ、わたしをあわれんでください。

第《だい》6留《りゅう》　イエス、おん顔《かお》を、布《ぬの》に写《うつ》させる

主《しゅ》イエスよ、「ヴェロニカ」とは「真《しん》の姿《すがた》」の意味《いみ》で、彼女《かのじょ》のほんとうの名前《なまえ》はわかりません。わたしもヴェロニカのように、ただ主《しゅ》イエスを愛《あい》した者《もの》としてだけ知《し》られたいのです。主《しゅ》のおん苦《くる》しみを、わたしの心《こころ》に深《ふか》く記《しる》してください。

主《しゅ》よ、わたしをあわれんでください。

第《だい》7留《りゅう》　イエス、再《ふたた》び、倒《たお》れる

主《しゅ》イエスよ、わたしの罪《つみ》の十字架《じゅうじか》の重《おも》さは、主《しゅ》を倒《たお》し、おん膝《ひざ》を地面《じめん》に打《う》ちつけさせました。ああ、主《しゅ》の十字架《じゅうじか》よ、わたしに痛悔《つうかい》の心《こころ》を起《お》こさせ、主《しゅ》のみ前《まえ》に深《ふか》くへりくだらせてください。

主《しゅ》よ、わたしをあわれんでください。

第《だい》8留《りゅう》　イエス、エルサレムの婦人《ふじん》たちを慰《なぐさ》める

主《しゅ》イエスよ、弟子《でし》たちはどこへ行《い》ったのですか。共《とも》に悲《かな》しむはずのわたしたちもすべて……。

主《しゅ》よ、わたしをあわれんでください。

第《だい》9留《りゅう》　イエス、三度《みたび》、倒《たお》れる

主《しゅ》イエスよ、あなたがお倒《たお》れになったのは、主《しゅ》ご自身《じしん》の過《あやま》ちからではありません。けれども、わたしが倒《たお》れるのは、わたしの過《あやま》ちのためです。主《しゅ》はお倒《たお》れになったとき、人間《にんげん》の弱《よわ》さを経験《けいけん》なさいましたから、わたしが倒《たお》れたときに、助《たす》けてください。

主《しゅ》よ、わたしをあわれんでください。

第《だい》10留《りゅう》　イエス、衣《ころも》をはがれる

主《しゅ》イエスよ、人《ひと》びとは主《しゅ》であるあなたを辱《はずかし》めました。わたしが臨終《りんじゅう》の時《とき》、主《しゅ》のみ前《まえ》に恥《は》じることがないように、心《こころ》の底《そこ》から罪《つみ》を悔《く》やむ心《こころ》を起《お》こさせてください。

主《しゅ》よ、わたしをあわれんでください。

第《だい》11留《りゅう》　イエス、十字架《じゅうじか》に釘《くぎ》づけにされる

主《しゅ》イエスよ、あなたはおん手《て》、おん足《あし》を釘《くぎ》で打《う》ち貫《つらぬ》かれ、はりつけにされました。主《しゅ》よ、十字架《じゅうじか》を仰《あお》ぐ度《たび》ごとに、わたしに主《しゅ》の深《ふか》い愛《あい》を思《おも》い出《だ》させてください。

主《しゅ》よ、わたしをあわれんでください。

第《だい》12留《りゅう》　イエス、十字架上《じゅうじかじょう》で死去《しきょ》される

主《しゅ》イエスよ、悲《かな》しみの聖母《せいぼ》マリアは、あなたと共《とも》にそのみ心《こころ》において、死《し》の苦《くる》しみをお受《う》けになりました。ああ、聖母《せいぼ》よ、おん子《こ》イエスに、わたしの救《すく》いのためにとりなしてください。わたしの罪《つみ》こそ、十字架上《じゅうじかじょう》のこの悲劇《ひげき》をくり返《かえ》すものです。主《しゅ》と共《とも》に生《い》きるために、死《し》にいたる罪《つみ》から逃《のが》れさせてください。

主《しゅ》よ、わたしをあわれんでください。

第《だい》13留《りゅう》　イエス、十字架《じゅうじか》よりおろされる

主《しゅ》イエスよ、ついにあなたの犠牲《ぎせい》はとげられました。神《かみ》がわたしのために、お亡《な》くなりになりました。主《しゅ》よ、この思《おも》いを常《つね》に、わたしの心《こころ》に保《たも》たせてください。

主《しゅ》よ、わたしをあわれんでください。

第《だい》14留《りゅう》　イエス、墓《はか》に葬《ほうむ》られる

主《しゅ》イエスよ、あなたは生前《せいぜん》のお言葉《ことば》の通《とお》り、ご復活《ふっかつ》の夜明《よあ》けによみがえられました。主《しゅ》のご死去《しきょ》によってわたしも主《しゅ》のように復活《ふっかつ》することを望《のぞ》みます。主《しゅ》のあわれみによって、わたしに新《あたら》しい生活《せいかつ》を送《おく》る恵《めぐ》みをお与《あた》えください。

主《しゅ》よ、わたしをあわれんでください。

❋ おわりの祈《いの》り

ああ、主《しゅ》イエスよ、わたしの罪《つみ》のために十字架《じゅうじか》にかかって死《し》んでくださったことを感謝《かんしゃ》いたします。

48～83ページ記載の「ミサ式次第」は、
2022年11月27日（待降節第一主日）より
実施される新しい式次第です。

出典
＊1『日々の祈り　改訂版第二版』
＊2『カトリック教会のカテキズム要約（コンペンディウム）』
＊3『新しい「ミサの式次第と第一～第四奉献文」の変更箇所』
＊4『ゆるしの秘跡』
いずれもカトリック中央協議会による

祈《いの》りの手帖《てちょう》

2002年12月5日　初版発行
2018年5月24日　改訂版発行
2022年4月17日　三訂版発行
2022年11月9日　三訂版第4刷発行

編　者　ドン・ボスコ社
発行者　岡本 大二郎
発行所　ドン・ボスコ社
〒160-0004 東京都新宿区四谷1-9-7
Tel.03-3351-7041　Fax.03-3351-5430
印刷所　日本ハイコム株式会社

ISBN978-4-88626-688-0 C0116